JN322863

キーワードを知れば経済がわかる

花井　敏

日本経済評論社

目次

はじめに

経済のしくみや働きは実に複雑で、容易には理解しがたい。その大きな理由は、経済には多種多様な人や組織が存在し、それぞれが異なった原理・原則に従って行動している点である。日本国内だけでも数千万にのぼる世帯があり、企業の数も数百万にのぼる。また、中央政府の他に多様な地方政府（都道府県、市町村）もある。さらに、海外の国々との取引もあるから、一国経済のしくみや働きが理解しがたいのは、容易に想像できよう。

経済学は、複雑な経済を解明しようとする学問に他ならない。そして、経済が複雑であるために、経済学には実に数多くの分野がある。たとえば、マクロ経済学、ミクロ経済学、数理経済学、計量経済学、経済統計学、財政学、公共経済学、金融論、社会保障論、労働経済学、国際経済学、国際金融論、などなど。経済学には、あげればキリがないほど、多様な分野がある。そして、経済のしくみや働きに関する基本を理解するだけでも、マクロ経済学やミクロ経済学をはじめとするいくつかの分野について学ばねばならない。また、なかには理解するのにかなりの忍耐と努力が必要な分野もある。

しかし、心配する必要はない。経済学のさまざまな分野についての知識が一切なくとも、経済のしくみや働きの基本について理解する方法がないわけではない。それは、経済に関するいくつかの重要な「キーワード」を知ることである。本書は重要な7つのキーワードをとりあげ、多くの実例に即しながら、高校生や大学1、2年生でも容易に理解できるような説明を心がけた。本書でとりあげたキーワードを知れば、「政府はなぜ存在する必要があるのか」、「受験勉強はなぜもっとやさしくならないのか」、「日本の農業を外国との競争から保護すべきか否か」、「番組を観てもいないのにNHKはなぜ受信料を徴収するのか」といった疑問が解消されよう。

本書を読むことを通じて「キーワードを知れば経済がわかる」を実感していただければ、著者にとってこれに過ぎる喜びはない。

I　厳然と存在する「トレード・オフ」
――駐車違反はなぜ減らない？――

1　違法駐車をなぜするのか

読者のみなさんは、街のいたる所で違法に駐車している車をよく見かけるだろう。駐車してはいけない場所に車を駐めると、他の車の通行の迷惑になったり、交通事故の原因になったり、あるいは、救急車や消防自動車の活動の妨げになったりする。そのため、「道路交通法」の定めにより駐車してはいけない道路や場所が指定され、そうしたところに駐車して摘発されれば罰金をとられてしまう。しかし、違法駐車はいっこうになくならないし、大都市はどこも違法駐車に頭を悩ませている。

なぜ違法駐車はなくならないのだろうか。経済学では、なぜ違法駐車が行われるかをつぎのように説明する。いま都心のデパートへ車でショッピングに出かけるとしよう。車に乗って行けばどこかに駐車しなければばならないが、都心の道路はほとんど駐車禁止である。とすれば、ショッピングに来た人は車を有料駐車場に入れるか、あるいは違法に駐車するしか選択肢はない（ある金額以上をデパートで買い物すれば、短時間ならば無料で駐車できる場合もあるが、さしあたり買い物をするかどうかわからないので、この可能性はないとしよう）。

有料駐車場を利用すれば当然に料金を支払わねばならないが、さしあたり、1時間あたりの駐車料金は千円としよう。それでは、違法に駐車した場合の料金はどう考えたらいいのだろう。違法駐車が摘発されなければ罰金を払う必要はないから、その場合の料金はゼロである。しかし、摘発されれば罰金を払わねばならないのはもちろんである。デパートにショッピングに来た人は、その人の経験や見聞から、デパート周辺の道路に車を1時間だけ違法に駐車した場合、摘発される確率は20分の1であると考えているものとしよう（これは、平均的には、1時間の違法駐車を20回行ったとき1回摘発されるという意味である）。そうすると、罰金が1万円であれば、この人がデパートの周辺に1時間だけ違法に駐車したときに覚悟しなければならない罰金の「期待値」は、1万円×（20分の1）＝500円である。つまり、1時間だけ違法に駐車する場合の料金＝「罰金の期待値」は500円であるから、これは有料駐車場に

1時間駐車したときに支払わなければならない料金の千円よりも低い。

経済学では、人々は「合理的に行動する」と考える。合理的に行動するとは、なにも難しい行動を想定しているわけではない。同じ効果（あるいは便益）が得られる複数の手段があれば、少しでも低い価格の手段を選び、同じ価格の複数の手段があれば、少しでも効果（あるいは便益）の大きな手段を選ぶ、というような行動が合理的な行動に過ぎない。いまの駐車の例では、1時間だけの駐車に対して、有料駐車場は千円の料金がかかり、違法駐車は500円の「期待」料金だから、車を運転してデパートに来た人が合理的に行動する限り、有料駐車場よりも違法駐車の方を選ぶはずである。（ここで取り上げた有料駐車場の料金千円や、罰金の大きさ1万円、あるいは摘発される確率の大きさ20分の1がはたして現実的なものかどうかは問題ではない。重要なのは、有料駐車場を利用する場合の料金よりも、違法に駐車した場合の罰金の期待値の方が低い、ということである。）

これが、経済学の考え方である。人々が駐車違反を〝犯す〟のは、合法的な駐車よりも違法な駐車の方がコストが低いからに他ならない。この考え方に従えば、違法駐車を減らすにはどうすればよいかは容易にわかる。有料駐車場の料金よりも、違法駐車をした場合の罰金の期待値を大きくしてやればよい。たとえば、罰金額は変えないが取り締まりを厳しくして摘発される確率を大きく引き上げたり、あるいは、取り締まりの強度は変えずに罰金を大きく引き上げてやれば、違法駐車の「期待」料金は有料駐車場の料金を上まわるようになろう。そのようになれば、ドライバーが合理的に行動する限り、（違法な行為そのものから快楽を得ようとする場合を除けば）違法な駐車をあえて行おうとする人々はなくなろう。

2　違法駐車をなくす（減らす）べきか？

「トレード・オフ」（あちらを立てれば、こちらが立たず）の存在

違法駐車を減らすことは、すでに指摘したように簡単である。違法駐車の摘発率を上げるか、罰金額を引き上げればよい。しかし、ここで指摘すべきは、何事にも「トレード・オフ」があるということである。ときに「二律背反」と言われたり、「あちらを立てれば、こちらが立たず」と言われるが、そもそもトレード・オフとは、あることから利益（効用）を得ようとする場合、必ず他のことで不利益（不効用）が生ずるという事実である。

摘発率を上げる場合を考えてみよう。摘発率を上げれば、確かに違法駐車は減るが、摘発率を上げるためには、道路を巡回する警察官の数を増やさねばならない。警察署の警察官の数は簡単に増やすことはできないから、道路を巡回する警察官を増やすためには、他の部署の警察官を減らすしかない。たとえば、凶悪犯罪の捜査員の数を減らせば、凶悪犯罪の検挙率が低下しよう。つまり、違法駐車を減らすと、凶悪犯罪の検挙率が下がってしまうのである。これは、重大なトレード・オフである。

それでは、警察署の警察官を増やして、道路を巡回する警察官を増やすのはどうだろうか。そうすれば、他の部署の警察官を減らす必要はなかろうが、それでもトレード・オフは厳然と存在する。なぜなら、警察官の数を増やすためには、労働人口が変わらない限り、民間産業で働いている人々が警察官に転職する必要があろう。たとえば、自動車会社で働く人々が警察官に転職したとすれば、自動車会社の従業員の減少を招き、ひいては、自動車生産台数の減少につながろう。つまり、違法駐車と自動車生産の間にトレード・オフが存在するのである。

つぎに、違法駐車を減らす方策として罰金を引き上げることを考えてみよう。確かに、罰金を引き上げれば、違法駐車は減るだろう。しかし、駐車できないことに伴う「不自由」あるいは「効用の低下」が生じてしまう。たとえば、スーパーへ車で買い物に出かけたとしよう。スーパーの駐車場に空きがなければ、買い物を諦めねばならない（不自由の発生）。また、パチンコ店へ車で出かけた場合も、駐車場が一杯であれば、パチンコを諦めねばならない（効用低下の発生）。このように、罰金を引き上げて違法駐車を減らす方策にもトレード・オフが必ず伴うのである。

以上の議論から導かれる結論はつぎのようである。「違法駐車を減らすべきか否かは、違法駐車によって社会が被っている被害（社会的コスト）と違法駐車を減らすことに伴う社会的コスト（これは、違法駐車をいかなる手段によって減らすのか、その方法に依存する）のどちらが大きいかに依存する。違法駐車によって社会が被っている被害（社会的コスト）の方が大きければ、違法駐車を減らすべきであり、違法駐車を減らすことに伴う社会的コストの方が大きければ違法駐車を減らすべきではない！」

3　他のトレード・オフの例

違法駐車の例にもとづいてトレード・オフについて考えたが、重要な点は、意識しているか否かにかかわらず、この世のすべてにトレード・

図1　日本のフィリップス曲線（1971〜2009年）

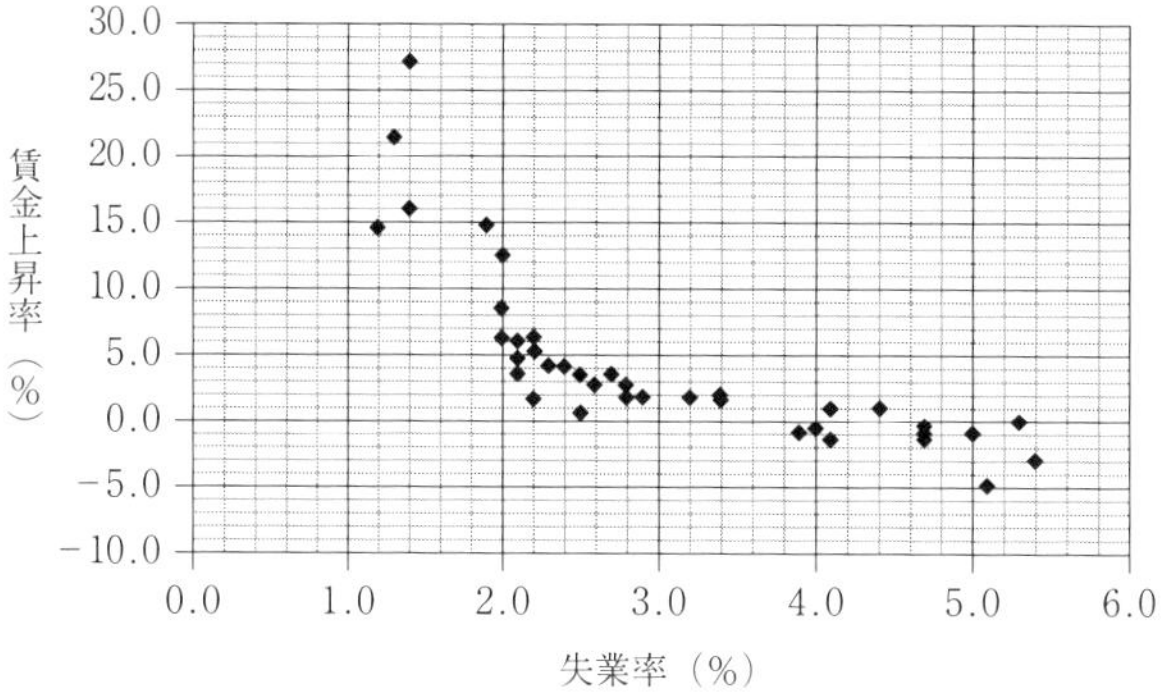

出所：岸智子『就職・失業・男女差別』より転載。

オフが存在することである。たとえば、ある時間帯に読書すれば他のこと（テレビを観ること）はできない。また、消費を増やすと貯蓄が減ってしまう。あるいは、長時間働けばバイト代が稼げるが、疲労してしまう。このように、すべてのことがらにトレード・オフがつきまとうのである。以下では、重要なトレード・オフの例を2つ取り上げよう。一つは、フィリップス曲線であり、もう一つは、既婚女性の就業と出産・育児である。

フィリップス曲線

フィリップス曲線とは、ニュージーランド出身の経済学者フィリップスが見つけた、失業率と賃金上昇率の時系列データの間に存在する負の関係を二次元のグラフとして描いたものをいう。横軸を失業率、縦軸を賃金上昇率にしてグラフを描いてみると、上図のように、右下がりの曲線となる。これが、フィリップス曲線である。

フィリップス曲線が右下がりになるのは、つぎの理由による。まず、失業率が低い場合には、労働の需要が供給よりも大きいから、企業は賃金を高めに設定して一人でも多く雇用しようとするため、賃金上昇率は高くなる。逆に、失業率が高い場合には、労働の供給が需要よりも大き

図２　日本の物価版フィリップス曲線（1971〜2009年）

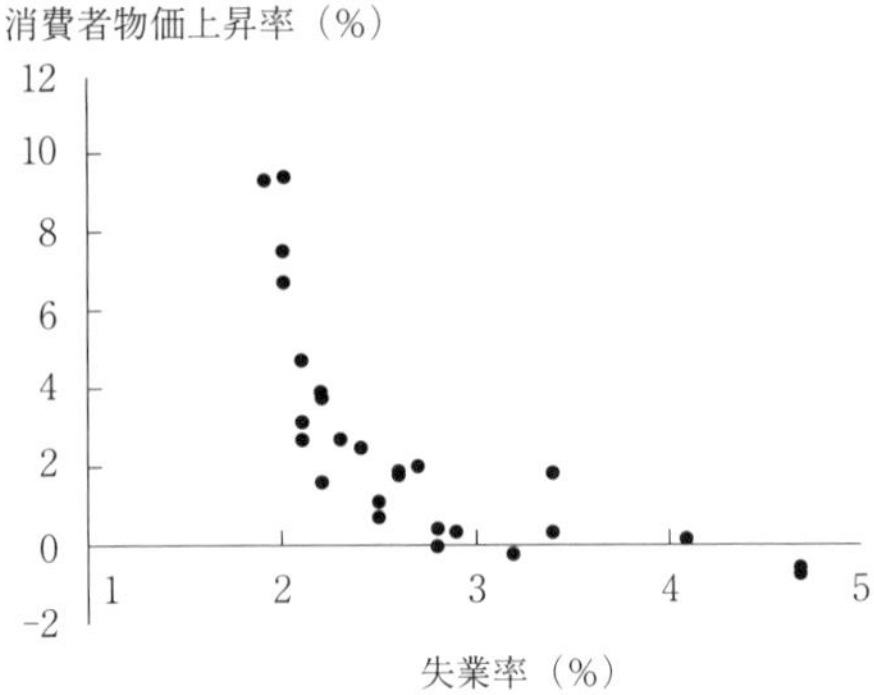

資料：内閣府『平成24年版経済財政白書』

いから、企業は賃金を低めに設定しても雇用を確保できるから、賃金上昇率は低くなる。

賃金上昇率のかわりに物価上昇率を使っても、フィリップス曲線と同様に右下がりの曲線が描かれる。賃金上昇率のかわりに物価上昇率を使った曲線は、「トレード・オフ曲線」あるいは「物価版フィリップス曲線」と呼ばれている。

フィリップス曲線であれば、失業率と賃金上昇率の間にトレード・オフが存在し、物価版フィリップス曲線であれば、失業率と物価上昇率の間にトレード・オフが存在する。物価版フィリップス曲線にもとづけば、政府が失業率を下げるような政策を発動すれば、インフレ率が高まってしまう。また、インフレ率を下げるような政策を行えば、失業率が高くなってしまう。このようなトレード・オフを回避するためには、政府は2つの政策を同時に行う必要がある。つまり、インフレ率を下げるような政策（たとえば、金融緊縮策）と同時に、失業率を上昇させないような政策（たとえば、財政支出の拡大）を発動する必要がある。

既婚女性の就業と出産・育児

上の図は、日本の女性の年齢階層別の労働力率を10年おきに描いたグ

図3　女性のM字型労働力率のグラフ（1980年、1990年、2000年および2009年）

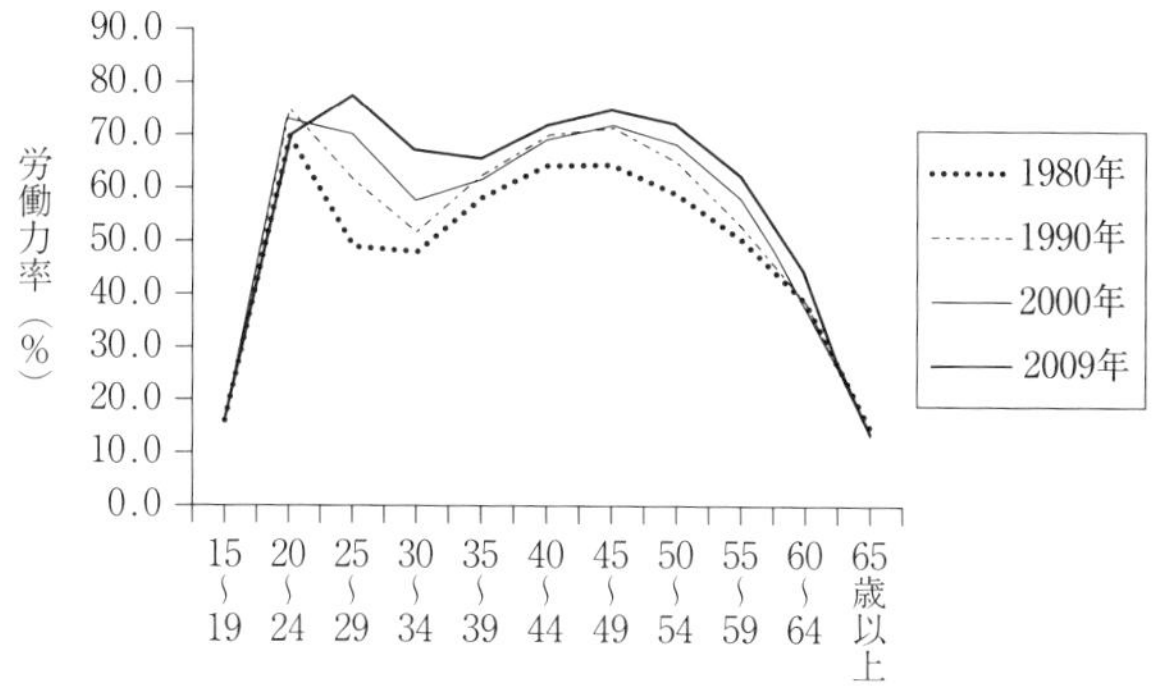

出所：岸智子『就職・失業・男女差別』より転載。

ラフである。労働力率とは、ある年齢階層の人口に対する労働力（働きたい女性の数）の比率である。グラフからわかるように、労働力率はある年齢階層で落ち込んでいる。落ち込んでいるのは、結婚したり、出産・育児のために仕事を辞める女性が多いため、そのような年齢階層の労働力率が低下するからである。このグラフは、アルファベットのMに似ていることから、「M字型労働力率」と呼ばれることもある。

最近になるほど、労働力率の落ち込みは浅くなっているが、落ち込みがなくなったわけではない。実は、かつては欧米の先進国にも共通してM字型労働力率が観察されたが、落ち込みは年を経るごとに浅くなり、ついには落ち込みはなくなってしまった。いまや、M字型労働力率が見られるのは、先進国の中では日本だけである。

安倍首相が提唱する「アベノミックス」政策の重要な柱の一つが、女性労働の積極的な活用である。多くの女性が労働市場に参加できるためには、さまざまな改革が必要だろうが、それらの一つが既婚女性が直面する就業と出産・育児の間のトレード・オフを緩やかなものにする（改善する）ことである。

これまでに提唱されてきた、効果があると考えられるトレード・オフ改善の方策はつぎのようである。

(1) 保育施設の拡充、企業・組織における託児所の設置

保育施設を充実させ、勤め先にも託児所があれば、女性にとって勤めを続けながら育児をすることが容易になろう。

(2) 勤務時間に対する配慮

長時間労働を短縮化したり、フレキシブルな勤務時間を導入すれば、女性にとって就業と育児の間のトレード・オフが緩和されよう。

(3) 育児休業の一般化

勤め先から育児休業が与えられれば、一定期間育児に専念でき、その後に保育園などに通園させることができよう。

(4) 男性の家事労働への参加

男性がもっと家事労働に、特に、育児に参加するようになれば、女性は勤めを継続できよう。

Ⅱ　機会費用

1　費用とは何か

機会費用について説明する前に、そもそも費用とは何かを知らねばならない。「100万円の費用がかかった」とはどういう意味だろうか。おそらく読者の多くは、「そんなこと簡単じゃないか。100万円の費用とは、あるモノを得るのに100万円支払ったということじゃないか」と思うのではなかろうか。

しかし、費用とは、単にどれだけの支払いを行ったのか、ということではない。たとえば、車を200万円で購入したとしよう。すると、読者の多くは、車を買うのに200万円の費用がかかったと言うだろうが、この場合、決して費用は発生していない。単に200万円のお金（資産）が200万円の価値がある車（資産）に変わっただけである。つまり、所有する資産の形態が変わるだけであるから、こういう場合には費用がかかるとは言わない。これは、消費者であれ、企業であれ、あるいは政府であろうとも、同じである。

それでは、費用とは何であろうか。費用とは、何か失われたものがあるとき、その失われたものを費用という。２００万円で車を購入して１年が経過すれば、車の価値は１７０万円ほどに下がってしまうだろう。つまり、1年間に30万円が失われたわけで、30万円の費用が発生したことになる。この費用は減価償却費とよばれる。

企業の場合を考えてみよう。ある企業が生産のために他企業から部品１０００個を１０００万円で購入したとしよう（つまり、部品1個につき1万円である）。しかし、部品代１０００万円は、すでに説明したように、企業にとって費用ではない。企業の保有していた１０００万円という資産が同じ価値の部品という存在に変わっただけである。この場合、費用が発生するのは、購入した部品が取り付けられてしまう場合である。取り付けられてしまえば、もはや部品という形では存在しないのである。

この企業が一年間の操業を終えた時点で、１０００個購入した部品のうち８００個が使用され、２００個が残っているとしよう。そうすると、８００個の部品は消えてしまったのだから、８００万円の費用が発生したことになる。それでは、残った200個の扱いはどうなるのか。200個の部品は企業にとっては資産であり、その部分は企業の在庫として保有されることになる（これを在庫投資と呼ぶ）。

われわれの行動はすべて選択である

われわれは、日々いろんな行動をしている。朝起きること、朝食を摂ること、通勤すること、学校で勉強すること、家で読書すること、などなど。そして、これらさまざまな行動は、いろんな選択肢の中から一つの選択肢を選択したことに他ならない。たとえば、家で夕食後に読書することを考えてみよう。夕食後には、読書の他に、テレビを観たり、音楽を聴いたり、ゲームに興じたり、さまざまなことができるはずである。つまり、夕食後に読書をするという行動は、さまざまな選択肢の中から一つの選択肢（読書）を選択したことを意味する。

2　機会費用

講義に出席したときの機会費用

われわれの行動はすべて選択であると説明したが、機会費用とは、ある行動（選択肢）を選ぶことにより、選ばれなかった選択肢を選んでいたならば得られたと思われる価値（利得）のことである。

たとえば、大学の講義に出席することを考えてみよう。大学の講義は90分だから、講義を欠席してアルバイトを90分間行えば、1000円稼げるはずだろう。したがって、90分バイトをして1000円だけ稼ぐという選択肢を捨てて講義に出席すれば、その機会費用は1000円ということになる。

大学進学の機会費用

大学については、他の機会費用もある。それは、高校を卒業してすぐに働き始めることはせずに、4年間大学に通うことに伴う機会費用である。4年間大学で学ぶためには、入学試験の受験料、入学金、授業料、テキスト代などを払わねばならない。しかし、大学で学ぶためのこれらの費用の他に、大学へ進学することには機会費用が伴う。なぜなら、大学へ進学すれば、高校を卒業して直ちに働けば稼げたはずの所得（給与）が得られないからである。

高卒として4年間働けば得られるはずの所得総額が、まさに大学進学の機会費用に他ならない（これを「放棄所得」とも呼ぶ）。ちなみに、現在の高卒の平均年収は200～300万円といわれているが、仮に200万円とすれば、4年間で800万円となる。私立大学の医学部や歯学部などを別にすれば、大学に進学することに伴う機会費用800万円は、授業料などの直接費用よりもずっと大きいはずだ。

3　機会費用があるから効率を重んじる

機会費用は重要である

読者の多くは、機会費用という概念は理解できたが、「いままでの自分の生活では機会費用なんて考えたこともない。機会費用なんて重要ではないのでは……」と思うのではないだろうか。しかし、機会費用という概念は、どんな人・組織にとってもきわめて重要である。なぜなら、機会費用があるからこそ、われわれは行動（選択）の際に効率を重んじるからである。

先の学生のアルバイトと講義出席の選択の件に戻ろう。学生が講義に出席すれば、アルバイトで得られるはずの稼ぎ1000円を犠牲にする（機会費用が発生する）ことになる。しかし、学生が講義に出席したということは、機会費用の1000円よりも講義に出席することに伴う便益（知識が得られたり、試験の成績がよくなることなど）の方が大きかったことを意味しよう。つまり、その学生は講義時間の90分間にアルバイトなど講義以外の時間の使い途があったのだが、その時間帯には講義に出席することが、他の時間の使い途よりも便益（効用）が大きかったのである。つまり、最も効率的な時間の使い方を選択したのである。まさに機会費用があるからこそ、われわれは行動（選択）の際に効率を重んじるのである。

機会費用の存在は、さらに、他人のものも自分のものも等しく効率的に使わねばならないというインセンティブを与えてくれる。他人のものを使うには賃借料を払わねばならないから、当然ながらそれを使うことから得られる便益や利益が賃借料よりも大きくなければならない。そうでなければ、借りようとはしないだろう。

それでは、自分のものであっても効率的に使わねばならないのはなぜだろう。それは、まさに機会費用が存在するからである。自分で使用することは、他人に貸して賃貸料を得ることを放棄していること（機会費用の発生）を意味する。したがって、自分のものを自分が使う場合には、貸して得られるはずの賃貸料よりも大きな便益・利益が得られなければならないだろう。つまり、機会費用があるからこそ、自分のものでも効率的に使うインセンティブが与えられるのである。

機会費用があるからこそ、どのような個人・企業・政府であれ、すべてのものを（自分のものであれ、他人のものであれ）効率よく使わねばならないのである。機会費用こそが、経済の効率性の源なのである。

Ⅲ　需要の価格弾力性

1　右下がりの需要曲線

価格が上がると需要量は減少する

第Ⅵ章に登場する「公共財」を除けば、普通の財（「私的財」といわれる）を手に入れるためには、対価（お金）を払わねばならない。経済学では、対価を払ってモノ（財やサービス）を入手することを「需要」と呼び、需要の大きさ（数量）を「需要量」と呼ぶ。たとえば、ある世帯の一カ月当たりの牛肉の需要量８００グラム、コメの需要量５kg……というように。

何をどれだけ需要するかは、さまざまな要因に依存している。ある世帯のある財に対する需要量は、世帯の人数、所得、嗜好などに依存するとともに、その財の価格と他の財の価格にも依存している。そして、「一

需要曲線は必ずしも右下がりとは限らない。株式などの金融商品の需要量は将来の価格予想に強く依存するため、ある株価が上昇するとその株価は今後さらに上昇するのではないかという予想が市場において支配的になれば、株価が上昇した株式に対する需要量が増加してしまうこともある。

図4　需要曲線

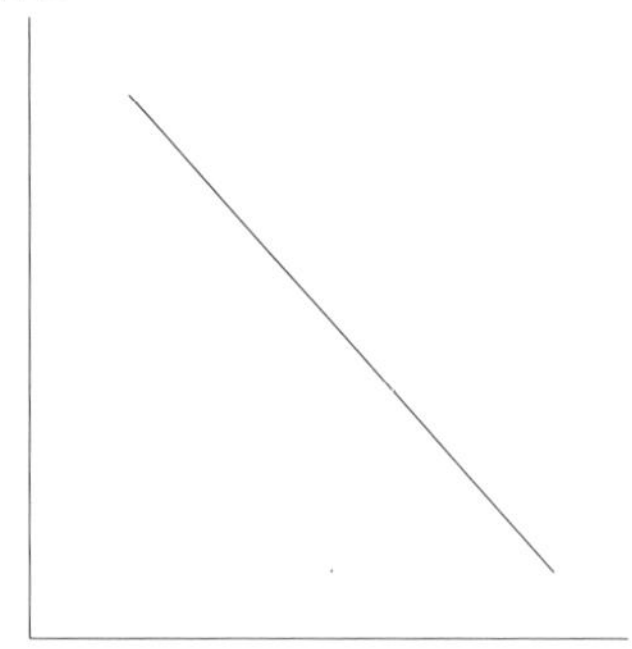

般には、需要量は価格が上がると減少する」という場合、その財の価格以外のすべての要因は変化せずに、その財の価格のみが変化したときの需要量の変化を考える。そして、価格と需要量の関係を描いたグラフは需要曲線と呼ばれる。一般には、需要量は価格が上がると減少し、価格が下がれば増加するから、価格を縦軸に、需要量を横軸に測った需要曲線は、図のように右下がりとなるはずである。

2　需要の価格弾力性とは

価格変化に対する需要の反応のちがい

上には2つの需要曲線が描かれている。価格が低いほど需要量は大きくなるから、需要曲線はともに右下がりとなっている。上の2つの需要曲線のちがいは傾きのちがいである。左側の需要曲線の傾きは右側の需要曲線より大きく描かれている。したがって、価格が同じ大きさだけ変化した場合（図ではP_1からP_2、P'_1からP'_2への変化）、左側の需要量の変化の大きさは右側よりもずっと大きい。つまり、右側の需要に比べて左側の需要の方が、価格変化に対する反応が大きいのである。

図5　非弾力的な需要

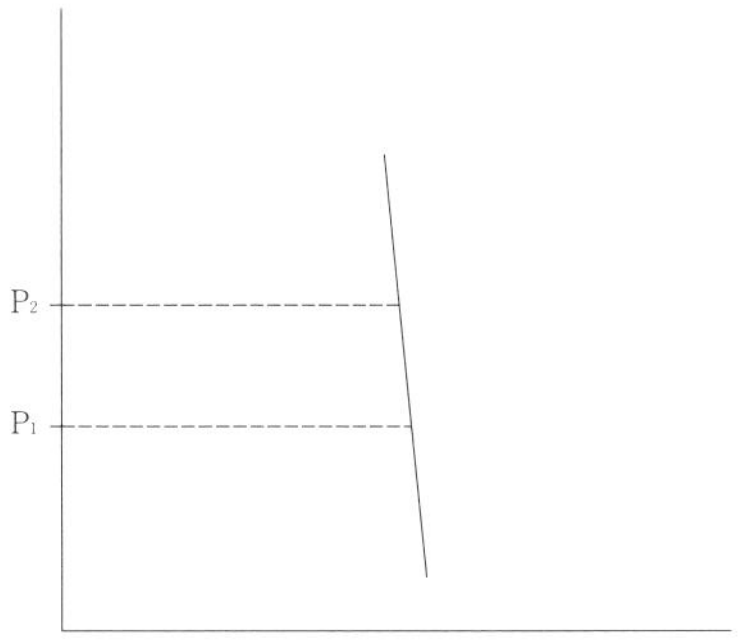

図6　弾力的な需要

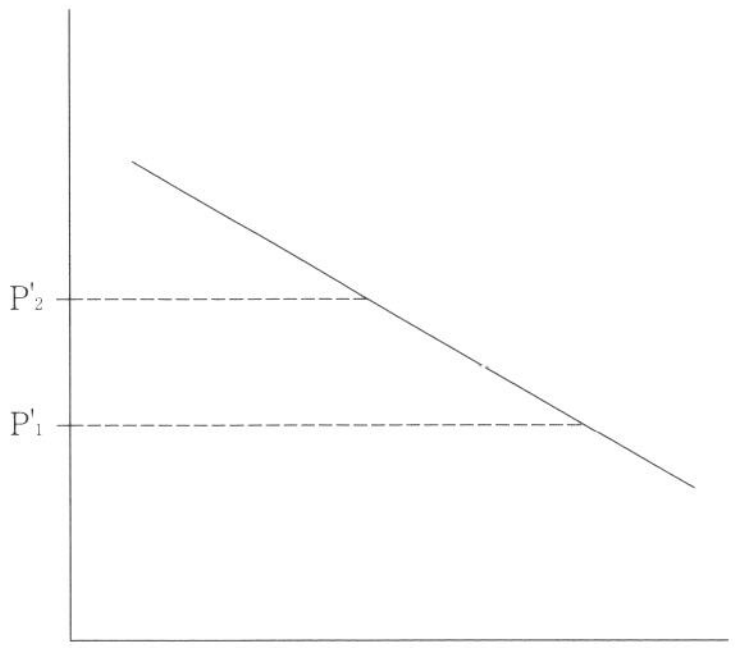

需要の価格弾力性とは

価格変化に対する需要の反応にちがいがあることを見たが、経済学では需要の反応のちがいを厳密に定義するために「需要の価格弾力性」を導入する。需要の価格弾力性とは、価格が1％変化したときに需要量が何％変化するかを示したものである（たとえば、A財の需要の価格弾力性が1・8であれば、価格が1％変化するときA財の需要量は1・8％変化することを、またB財の需要の価格弾力性が0・4であれば、価格が1％変化するときB財の需要量は0・4％変化する）。そして、弾力性が1より大きい財の場合、価格変化に対して需要の反応が「弾力的」、1より小さい場合は「非弾力的」とよばれる。

価格変化に対して需要が弾力的な財と非弾力的な財

それでは、どのような財が価格変化に対して需要が弾力的であり、また、どのような財が非弾力的であるのか。まず、わかりやすい例として、特定のカップ麺（これをカップ麺Aとよぼう）の需要を考えてみよう。スーパーやコンビニには、カップ麺A以外に多くのカップ麺が棚に並んでいる。また、カップ麺Aに似た商品も少なくないこともわかろう（カップ麺Aに似た商品を「代替財」とよぶ）。そうすると、もしカップ麺

Aの価格が上昇すると、その商品の需要は大きく減少し、代替的なカップ麺の需要が増加しよう。つまり、代替財が存在するような財は、その需要の価格弾力性が大きいのだ。

逆に、代替材が存在しない財については、需要の価格弾力性は小さくなる。わかりやすい例として食塩を考えてみよう。食塩は多くの料理にとって不可欠であり、しかも、食塩に代わるもの（代替材）は存在しない。したがって、食塩の価格が上下しても、食塩の需要量はほとんど変化しないはずである。つまり、食塩の需要は価格変化に対してきわめて非弾力的であり、需要曲線の傾きはきわめて小さいはずである。

3　需要の価格弾力性の応用

弾力的な需要曲線

価格変化に対して需要が弾力的に反応するケースとして、果物のミカンをとりあげよう。ミカンの代替品はグレープフルーツなどがあるから、ミカンの需要曲線の傾きは非常に大きいであろう。

昨年のミカンの収穫量（＝出荷量）を上図のX_1とし、価格をP_1としよう。そうすると、ミカン農家全体の販売収入は$P_1 \times X_1$という長方形の面

図７　ミカンの需要曲線

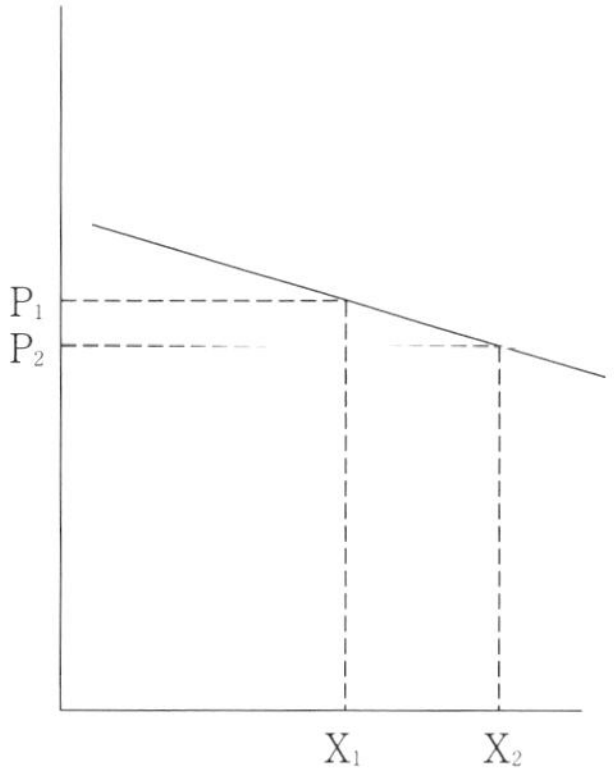

積に等しくなる。さて、今年のミカンは天候に恵まれて去年より豊作になり、収穫量（＝出荷量）は上図のX_2、価格はP_2になったとしよう。ミカンの需要は価格変化に対して弾力的であるため、去年から今年への収穫量（＝出荷量）の増加割合は、価格の下落割合よりも大きくなり、農家の販売収入は増加する。

去年も今年もミカンの作付面積は変わらず、したがって、生産費も変わらないとすれば、ミカン農家の収益＝販売額－生産費は、去年よりも今年の方が大きくなる。つまり、ミカンの需要が価格弾力的であれば、豊作によりミカン農家の収益（儲け）は増加するのである。このことは逆に、ミカンが不作になれば、ミカン農家の収益は減少することを意味している。

非弾力的な需要曲線

以上の事柄は、逆に需要が価格変化に対して非弾力的であれば、収穫量（＝出荷量）が減れば、農家の収益が増えることをも意味しよう。価格変化に対して非弾力的な需要の例としてコメをとりあげよう。コメは大部分の日本人にとって必需品に近いだろう。コメの代わりにパンもよいが、やはり、一日に一食は、特に夕食にコメは欠かせないという日本

図８　コメの需要曲線

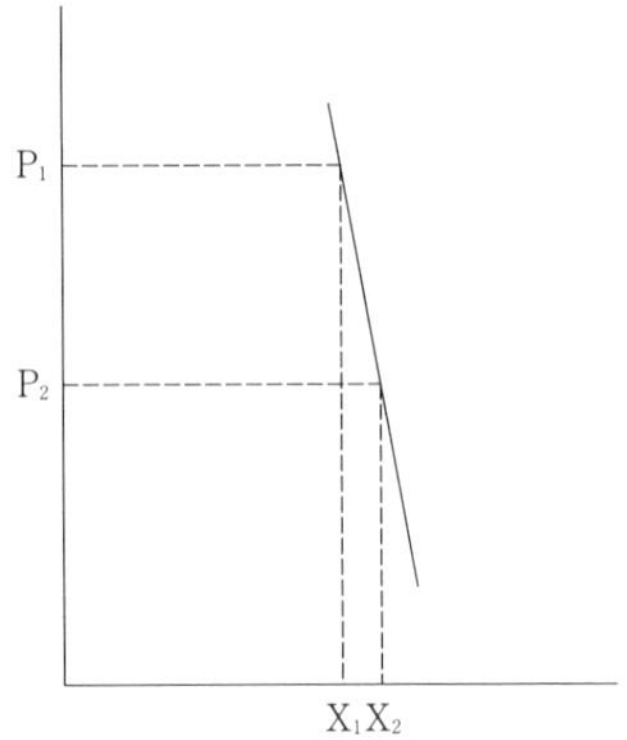

人は多いだろう。

上図はコメの需要曲線を示している。需要は価格変化に対して非弾力的であるから、小さな傾きの曲線として描かれている。ミカンの例と同じく、去年と今年の収穫量がX_1、X_2、価格がP_1、P_2である。コメの場合、ミカンとちがって、収穫量が増加した割合よりも価格の下落割合の方が大きい。これは、豊作になると、コメ農家の収益が減少してしまうことを意味している。いわゆる「豊作貧乏」である。

しかし、コメ農家には「豊作貧乏」に陥らずにすむ方法がある。それは簡単である。収穫した全量を出荷せずに、一部を自家消費用、あるいは親戚に配る（あるいは、廃棄してしまう）などしてX_2でなくX_1だけしか出荷しなければよい。そうすれば、販売収入は去年と変わらなくなろう。それどころか、需要が非弾力的である限り、去年の出荷量よりもさらに減らしてしまえば、販売収入は去年より多くなろう。

Ⅳ　合成の誤謬

1　「合成の誤謬」とは何か

経済学では、個人・企業・政府を問わず、与えられた条件の下で最大の効果が上がるような行動が「最適な行動」であると考える。たとえば消費者であれば、与えられた所得のもとで満足（効用）が最も高くなるような各財・サービスの組み合わせが、最適な消費であると考える。また企業の場合には、現在の雇用量や機械類のもとで利益を最も大きくするような生産量が最適な生産量とされる。

個人や企業、あるいは政府にとって、与えられた条件のもとで最も望ましい行動（意志決定）を行うことを、合理的な行動という。しかし、個々の主体にとって合理的な行動であっても、すべての主体がそうした行動をとった場合、社会全体や経済全体にとっては、そのような行動をとらない場合に比べて状況が悪化してしまう場合がある。個々の主体にとっては合理的な行動であるにもかかわらず、全体にとっては不都合な事態が生ずる場合、それを「合成の誤謬」という。

2　入学試験と合成の誤謬

入学試験の特徴

世の中にはさまざまな試験があるが、それらは大きく分けると「資格試験」と「入学試験」からなる。資格試験には医師国家試験、自動車免許学科試験、調理師試験などさまざまなものがあるが、それらに共通した特徴は、合格基準点があることである。たとえば、自動車免許学科試験の場合、合計100点満点のうち90％以上、すなわち90点以上とれば合格である。当然に試験の種類によって難易度は異なるものの、合否の基準はきわめて明快である。つまり、客観的に定められた合格点に達するか否かがすべてである。

他方、こうした試験と大いに異なるのが、入学試験である。推薦入試や自己推薦入試などを別にすれば、大学の一般入試には資格試験とはちがって、合否の基準点がない。受験者のうち誰が合格し誰が不合格になるかは、受験者の得点が上位何人に入っているかによって決まるのである。なぜなら、大学の各学部・学科には入学定員があり、もし入学定員が２００名であれば、受験者の得点の高低にかかわらず、上位２００名以内に入っていれば合格するのである。

入学試験の（資格試験とは異なった）こうした特徴から、まさに「受験地獄」が生まれるのである。資格試験の場合は、合格点に達するまで休む暇もない。しかし、勉強の末に合格点に十分達する自信がつけば、あとは試験当日まで遊んでいても構わない。しかし、入学試験は違う。入学試験は自分との戦いではなく、他の受験者との争いである。十分準備できたと思って入試当日まで遊んでいる間に、ライバル達は懸命に勉強に励んでいるだろう。遊んでいる間にいつの間にかライバル達に追い抜かれ、合格を逸してしまう。だから、入学試験にとって大事なのは、自分がどれだけ得点をあげたかではなく、自分の得点は相対的にどこらあたりにあるかである。

受験勉強と合成の誤謬

こういった特徴がある入学試験であるから、まぎれもなく「合成の誤謬」が生ずる。クラブ活動やアルバイト、趣味などには脇目もふらずに受験勉強に励めば、確かに、合格する確率は上がるだろう。しかし、そう思うのは自分だけではない。ほとんどすべての受験者も同じように考えて、同じように行動するにちがいない。結局は、受験勉強が過熱し、アルバイトやクラブ活動など受験勉強以外の活動はできなくなってしまう。しかし、いくらみんなが頑張っても合格人数が変わらない以上、入試の難易度を上げるだけに終わってしまう。まさに、「合成の誤謬」に他ならない。個々の受験者にとっては合理的な行動であっても、全員が同じ行動をとれば、かえって悪い事態に陥ってしまうのである。

しかし、これを避ける方法は残念ながらない。たとえ受験者全員が「受験勉強放棄の合意」に達したとしても、どの受験者もその合意を密かに破って、自分だけ勉強しようとするインセンティブをもつだろう。自分だけ勉強すれば、希望校に合格する確率は確実に上がるだろうが、他の受験者も当然同じように考えるだろうから、「放棄の合意」は役に立たない。残念ながら、「合成の誤謬」を避ける方法はないのである。

3　他の「合成の誤謬」

景気後退時の企業・家計の行動

景気が悪くなっているとき、企業や家計はどのように行動するだろうか。景気が悪化してくると、企業の売り上げは減少し、利益も下がってくる。このような事態に直面しているとき、企業にとっての合理的な行動は、とりあえず費用を抑えて利益を確保することである。そのためには、残業時間を減らしたり、新規採用を控えたり、あるいは、賃金を引き下げたり、雇用を減らすことが必要であろう。

一方、残業時間が減るなどして給与が下がったり、不安定な雇用に直面した家計にとっての合理的な行動は、できるだけ消費を抑えて貯蓄を増やすことにより、不安定な将来に備えることであろう。確かに、景気後退時における企業や家計のこうした行動は、個々の企業や家計にとっては合理的であるが、経済全体にとってはいっそう景気を悪化させてしまう。

確かに、景気が悪いときには、残業時間を減らしたり、雇用調整を行うことは、個々の企業にとっては合理的な行動であろう。しかし、すべての企業が同じような行動をとったらどうなるであろうか。そのような行動は家計に大きな影響を与え、家計は消費をいっそう切り詰めようとするだろう。そうすれば、企業の売り上げはさらに落ち、利益もいっそう低迷しよう。景気後退時における家計の合理的行動も、企業に悪影響を及ぼそう。

結局、景気が悪化している場合、個々の企業や家計にとっての合理的行動は、全体としてみれば、景気をいっそう悪化させてしまう。まさに、「合成の誤謬」である。

農業における豊作貧乏

最後に、合成の誤謬の例をもう一つ紹介しておこう。それは、農業における「豊作貧乏」である。この「豊作貧乏」の例は、個別の主体の努力は報われるのに、全体が同じような行動をとったときには、一様に損害が及んでしまう、わかりやすい事例である。

農家の儲けは、農作物の出荷額から耕作に必要な総費用を差し引いた差である。耕作費用を減らす努力は、個々の農家にとっても、農家全体にとっても好ましいことであるが、問題は出荷量である。個別の農家が努力して収穫を増やして出荷量を増やせば、販売額が増え、利益も増えるだろう。しかし、農家全体が一様に努力して収穫を増やし、出荷量を増やしたらどうなるだろうか。

農産物市場に出荷量が増えれば、需要が変わらない限り、農産物価格は押し下げられるだろう。そうすれば、個々の農家の受け取る販売収入は減少してしまうかもしれない。第Ⅲ章で見たように、農産物がコメのような必需品であり、需要の価格弾力性が1より小さければ（需要が価格変化に対して非弾力的であれば）、出荷量が増加すれば、価格の減少割合は出荷量の増加割合を上回ってしまい、農家の販売収入は減少してしまう。つまり、豊作であるがゆえの収入減少、つまり、「豊作貧乏」に他ならない。

これは「合成の誤謬」の典型例である。つまり、個々の農家が収穫を増やす努力が、逆に農家全体の収入を減らしてしまうのである。同じような例は、他の産業にも頻繁に見られる。たとえば、ある家電メーカーが画期的な薄型テレビを開発したとしよう。当初はそのメーカーは売り上げを増やして大きな利益を獲得するだろうが、やがて同業他社も同様なテレビを開発し、市場に売りに出すだろう。そうすれば、薄型テレビ市場は供給過多ぎみになり、価格は低落し、各メーカーの利益も低迷しよう。

4　政府の介入が必要である

いくつかの例をあげながら合成の誤謬を説明してきたが、合成の誤謬の大事な点は、個々人や個別企業などの努力によっては避けられないということである。なぜなら、個人や個別企業の行動はそれ自体が合理的な行動だからである。それでは、どのようにしたら社会が合成の誤謬に陥らずにすむのであろうか。そのためには、政府の介入がどうしても必要である。

たとえば、景気が低迷して失業率がかなり高い場合には、政府が景気刺激策（政府支出を増やしたり、減税を実施）を実行すれば、景気が回復し、失業率も低下しよう。あるいは、日本銀行が金融緩和策を導入して利子率を低めに誘導すれば、やはり景気は刺激されよう。

また、受験勉強についても、政府が入試のあり方に積極的に介入し、入試制度を改めることも可能である。最近の報道によれば、２０１４年12月22日に中央教育審議会は、従来の大学入試センター試験の廃止を含む大学入試改革案を文部科学大臣に答申した。改革案では、センター試験に変わって新たに到達度をはかる「大学入学希望者学力評価テスト

（仮）」を２０２０年から導入するとしている。また、試験の回数も年１回から複数回へと変更するそうだ。

V　外部経済

1　イントロダクション

外部経済と外部不経済

私の隣の家は、自分の庭に花を育てている。その庭には四季折々に美しい花が咲いており、私は外出の折、また帰宅の折ごとに（夜でなければ）、美しい花を愛でることができる。しかし、私が隣家の花をいくら気に入っていても、それに対して対価を払っているわけではない。つまり、私は無料で隣家の花を楽しんでいるのである。

このように、市場での取引を伴わずに、一方から他方へ一方的に効果が及ぶとき、その効果を「外部効果」とよぶ。そして、上の例のように、外部効果が便益や効用である場合には、その外部効果を「外部経済」とよぶ。反対に、一方から他方へ取引を媒介とせずに一方的に害悪・損害が及ぶとき、その害悪・損害を「外部不経済」とよぶ。

たとえば、私の家の隣がカラオケ店であったらどうだろう。深夜過ぎまでカラオケの騒音が聞こえ、私は安眠できないかもしれない。しかし、いくら安眠できないからといって、カラオケ店は私に損害金を払ってくれるわけではないから、私が一方的に害悪をこうむることになってしまう。つまり、「外部不経済」である。かつて、企業活動によって引き起こされる水質汚濁や大気汚染（公害）などにより多くの人々が健康を害したが、公害は典型的な外部不経済の例である。

双方向の外部経済の例

外部経済と外部不経済について、例をあげて説明したが、ここで外部経済についての古典的な例を紹介しておこう。この例は、外部経済に関して説明をする場合、必ずと言っていいほど引き合いに出される有名な例である。

外部経済の古典的な例は、果樹園と養蜂業者の間の外部経済である。養蜂業者は、飼育しているミツバチを果樹園の近くに放して、果樹園の蜜を集めることができるが、それに対して対価を払うわけではないから、採蜜は養蜂業者にとっては外部経済となる。他方、蜂の採蜜行動は果樹の受粉に役立つため、果樹園所有者に外部経済をもたらす。つまり、この古典的な外部経済の例は、一方から他方への一方的な外部経済ではなく、相互に利益を与え合う双方向の外部経済である。

双方向の外部経済は他にも多くの例がある。たとえば、産業間や企業間での外部経済があげられる。わかりやすい例は、鉄道と不動産業者である。ある地域に鉄道が開通すれば、駅周辺に宅地や商業地が開発され、やがて住宅や商店が建設されて、不動産業者は利益を上げることができよう。それと同時に、住宅や商店が建設され、人々の往来が活発になれば、鉄道利用客が増加して、鉄道会社も利益を増やすことができよう。まさに、鉄道会社と不動産業者との間の双方向の外部経済である。

2　農業・農村の外部経済

農業・農村の多面的機能

農業の目的はもちろん、農作物を収穫して市場に出荷することである。つまり、農作物の供給である。農業が存在し、いろんな農作物が栽培・収穫され、市場に出荷されることによって、農家以外の人々の食料が日々まかなわれているのである。もちろん、消費者が購入する農作物の

食料消費量に対する自国の食料生産量の割合を食料自給率と呼ぶ。日本の食糧自給率は先進国の中では最低の40パーセントほどである。

なかには、海外から輸入されているものもあり、日本は先進国の中では海外の食料・農作物に最も依存している。

農業については、これまでさまざまな問題点の指摘と可能な解決策が提示されてきた歴史があるが、近年の最大の関心事はＴＰＰ（環太平洋戦略的経済連携協定）である。

日本の農業の労働生産性は、アメリカやオーストラリアなどの農業大国に比べれば著しく低い。したがって、ＴＰＰが成立する運びになり、海外からの農産物に対して日本が課している関税が撤廃されるならば、日本の農家の多くは経営破綻に陥ろう。そうすれば、国内の農産物の多くが失われようが、見落とされがちな重大な点がある。それは、日本の農業が失われることになれば、「農業・農村の多面的な機能」も同時に失われてしまうことである。「農業・農村の多面的な機能」とは何だろうか。

農林水産省によれば、「農業・農村の多面的機能」は次のように大きく６つに分けられる機能をさす。

① 国土の保全機能

(1) 洪水防止機能……水田は、大雨の時に雨水を一時的に蓄えて、徐々に周辺に流すことにより、洪水を防止・軽減する機能がある。

(2)　土壌浸食防止機能……耕作されている水田は、地下水を安定的に維持する機能があり、大雨時の急激な水位上昇による土砂崩壊を防ぐ機能がある。

②　水源の涵養機能

水田や畑は、降雨を地下に浸透させ、水源を涵養する機能がある。

③　自然環境の保全機能

多くの生物が生息できる環境の保全や大気を浄化する能力を持っている。

④　良好な景観の形成機能

農業・農村の美しい景観は、農業活動の中で自然と一体となって形成されてきたもので、人々に美的感覚や郷愁などをもたらしてくれる。

⑤　文化の伝承機能

農村地域は、長い歴史を通じて培われてきた伝統文化を保存・継承する役割を果たしている。

⑥　保健休養機能

農村を訪れることにより、精神的な潤いや安らぎを得ることができ

農林水産省は、「農業・農村の多面的機能」としてこれら以外に、地域社会の活性化機能と食料安全保障機能をあげている。

る。

農業・農村がもたらすこれらの多面的な機能に対して、人々は対価を払っているわけではないから、これら多面的な機能は農業・農村がもたらしてくれる外部経済に他ならない。こうしたさまざまな外部経済を発揮していることこそ、農業が他の産業と著しく異なる特徴である。たとえば自動車産業は、車を生産し、人々を雇用し、多額の納税を行うなど、経済・社会に大きな貢献を果たしている。しかし、農業のように自らが意図しない効果を外部にもたらしているわけではない。

農業・農村の多面的機能の評価額

農業・農村が果たしている多面的な機能は、人々にとってどれほど価値があるものだろうか。果たして、こうした機能の価値を金銭的に評価することは可能であろうか。残念ながら、市場で取引されている財・サービスは市場価格を用いることにより簡単にその価値を金銭的に評価できるが、外部経済は市場で取引されていないために価格は存在しないから、金銭的評価は容易ではない。

ここで注意すべきは、容易ではないが、不可能ではないということで

表1　農業の多面的機能の評価額

項目（機能）	評価手法	評価額
洪水防止機能	代替法	3兆4,988億円／年
河川流況安定機能	代替法	1兆4,633億円／年
地下水かん養機能	直接法	537億円／年
土壌侵食（流出）防止機能	代替法	3,318億円／年
土砂崩壊防止機能	直接法	4,782億円／年
有機性廃棄物処理機能	代替法	123億円／年
気候緩和機能	直接法	87億円／年
保健休養・やすらぎ機能	トラベルコスト法	2兆3,758億円／年

出所：農林水産省『平成21年版食料・農業・農村白書』より転載。

ある。たとえば、農業・農村が果たす保健休養機能については、「トラベルコスト法」と呼ばれる評価方法がある。これは、このような機能を求めて農村を訪れる人々に対して、支払った往復の交通費と往復に要した時間の（推計）機会費用の和（これをトラベルコストという）を、農業・農村が果たす保健休養機能の評価額とするものである。

上の表は、農林水産省編『平成21年版　食料・農業・農村白書』に掲載された農業・農村の多面的機能の貨幣評価である。評価方法には「トラベルコスト法」以外に、「代替法」と「直接法」が用いられている。表では、洪水防止機能などの貨幣評価が「代替法」によって推計されているが、代替法とは、同様な機能を果たす代替材（たとえば、ダム）の維持・管理費用に基づいて推計することである。また、土砂崩壊防止機能などの貨幣評価に用いられている「直接法」は、田畑がなければ発生するであろう土砂崩壊の被害額を用いる方法である。

この表は、農業・農村が果たす多面的機能をすべて貨幣評価しているわけではないが、これら評価額の合計はおよそ8兆２０００億円余にのぼっている。もし多面的機能をすべて貨幣評価することが可能であれば、合計額は8兆２０００億円をはるかに上回るにちがいない。

輸入農産物に対する関税率のうち最も高いのは、コンニャクイモの１７００％であり、ついでコメの７７８％、落花生の７３７％、でんぷんの５８３％、小豆の４０３％などとなっている。

山下一仁「ＦＴＡ交渉と農業問題」キヤノングローバル戦略研究所、２０１０による。

3　農業を対外開放すべきか

それでは、多くの高関税によって保護されている日本農業について、保護を維持すべきであるか、それとも関税を撤廃して農業を対外的に開放すべきであろうか。どちらの政策をとるべきかは、農業保護の費用（コスト）と便益（ベネフィット）のどちらが大きいかに依存する。前者の方が大きければ、農業保護を撤廃すべきであり、後者の方が大きければ、農業保護を維持すべきである。

農業保護の費用（コスト）とはなんだろうか。それは、関税が撤廃されれば、消費者は海外の農産物を安く購入できるが、関税によって農業が保護されれば、日本の高価な農産物を購入せざるを得ない。つまり、農業保護の費用とは、海外に比べて割高な日本の農産物を購入せざるを得ない消費者の負担である。

具体的には、各農産物の国内価格と海外価格の差である内外価格差と生産量の積が、各農産物の消費者負担である。その合計が消費者負担の総額ということになる。ある推計によれば、農業保護による消費者負担は２００６年では約４・５兆円とされている。

この消費者負担の推計額を、先の「農業・農村の多面的な機能」の貨幣評価額と比較すれば、多面的機能の貨幣評価額である約8兆2000億円のほうが大きいことがわかる。しかも、この評価額には多面的機能がすべて含まれているわけではないから、もしすべてが評価されれば、多面的機能の評価額は消費者負担の推計額をはるかに上回るにちがいない。

したがって、日本農業を対外的に開放すべきかどうかについては、「農業を対外的な競争から保護すべきである」という結論が得られる。もし対外的に開放してしまえば、確かに、消費者は海外の農産物をこれまでよりも安く購入できるという便益が発生しようが、同時に、そうした便益をはるかに上回る農業・農村の多面的機能が失われてしまうことになる。

4　外部経済（不経済）の内部化

すでに述べたように、外部経済（不経済）は市場を経由せずに相手方に一方的にもたらされる便益（被害）である。そして、外部経済（不経済）は市場を経由しないために、つぎのような特徴をもっている。すなわち、外部経済の供給量は社会にとって過小であり、逆に外部不経済は過大な供給となる。つまり、社会は外部経済の供給をもっと増やして欲しいのに、市場がないから不可能であり、また、外部不経済については減らした方が望ましいのに、減らすことができない。

しかし、そのような調整手段がまったくないわけではない。それは、外部経済（不経済）の「内部化」という手段である。外部経済（不経済）をもたらしている主体に対して、金銭的なインセンティブを与えて外部経済（不経済）を調整してもらうのである。外部経済については、補助金を交付することにより外部経済の規模を調整することができ、補助金を多くすれば、その規模も大きくなる。外部不経済の場合には罰金を課せばよい。罰金は外部不経済をもたらしている生産主体にとっては、費用の増加をもたらすから、その主体は生産を減らし、それに伴って外部不経済の規模も縮小しよう。

このように、市場が存在しない外部経済（不経済）について、補助金や罰金を設けて、あたかも市場が存在するかのように機能させることを「内部化」とよぶのである。

Ⅵ　公共財

1　「公共財」とは何か

みなさんは、「公共財」という用語を見たり、聞いたりした場合、どのようなものを思い描くだろうか。ある人は、政府や警察署などの公共部門が提供する財やサービスをイメージするかもしれないし、また、他の人は道路や公園など「公共のためになる」財やサービスをイメージするかもしれない。公共部門が提供する財・サービス、あるいは、公共のためになる財・サービスは、「公共財」と言われるものの一部を表してはいるが、公共財の本質を表しているわけではない。それでは、公共財とよばれるものの本質は何であろうか。

2　「排除原則」が成立しない財・サービス

われわれが日頃スーパーやコンビニなどで買い物をする場合、購入するすべての財やサービスは「排除原則」が成立するものばかりである。ここで「排除原則」とは、欲する財やサービスに対して、その対価（代金）を払う者だけがそれらを入手できるのに対して、対価を払わない者は入手できない（つまり、排除される）という原則に過ぎない。対価を払わないのにモノを入手すれば、それはまさに犯罪行為に他ならない（窃盗や強盗）。われわれの日常からすれば、「排除原則」はごく当たり前であるが、実はこの世には「排除原則」が成立しない例外が以下に見るように多くあるのだ。以下では、「排除原則」が成立しない例としてテレビ放送を取り上げ、なぜテレビ放送が「排除原則」が成立しないのか考えてみよう。

公共財は「排除原則」が成立せず、しかも、「非競合性」が成立する財として定義されるが、本書ではさしあたり、「排除原則」が成立しない財としておく（非競合性とは、花火の見物のように、ある人が消費しても、全体の量は変わらないという性質である）。

3　「排除原則」が成立しない例——テレビ放送——

いま、ある会社が新たなテレビ局を設けて、さまざまなテレビ番組を放送する計画をもっているとしよう。また、この会社はすでに、テレビ電波を飛ばすのに必要なテレビ塔の使用については、許可を得ているものとしよう。

さて、この会社が計画しているさまざまな番組を計画通りに放映できるためには、何よりもまず、テレビ視聴者から徴収する受信料の合計が番組制作費を十分に補える（つまり、利益が出る）目途が立たねばならない。しかし、テレビ放送の場合には、こうした目途がまったく不可能なのだ。それは、テレビ放送の場合には、「排除原則」が成立しないからだ。なぜ「排除原則」が成立しないのだろうか。

そもそもある世帯がテレビ番組を聴取するには、テレビ電波の到達範囲内にあることと、テレビ受信装置があればよい。そして、重要なことだが、こうした条件がそろっている世帯であれば、視聴料を払おうと払うまいと、テレビ番組を楽しむことができるのだ。このようなことがわかっている場合、はたして視聴料（対価）を払う世帯がいるだろうか。

いや、いないはずである。視聴料（対価）を払わなくてもテレビ番組を見ることができるならば、どの世帯も「フリーライダー（タダ乗り）」になろうとするだろう。タダ（無料）で番組を享受できれば、みんなフリーライダーになるだろう。とすれば、テレビ局の開設を計画している

NHKはテレビ受信料と称しているが、実際には、「テレビ保有税」に他ならない。放送法第64条第1項には、「協会の放送を受信することができる受信装置を設置した者は、協会とその放送の受信についての契約をしなければならない」と記されている。つまり、NHKの放送を見る見ないに関係なく、受信装置をもっていれば受信料を払わねばならいから、結局はテレビ保有税以外のなにものでもない。

会社は、受信料をいっさい徴収できないため、テレビ番組を作ろうとはしないだろう。つまり、民間の営利企業によってテレビ放送は供給できないのだ（これを、市場ではテレビ放送は供給されないという）。

4　「排除原則」が成立しない他の例

テレビ放送以外にも、さまざまな理由により「排除原則」が成立しないため、市場では供給できないものがある。いくつかあげてみよう。

(1)　国防：たとえば、北海道の日本海に面したある町（A町としよう）が、国防サービス（民間経営）に加盟しなかったとしよう（したがって、国防サービス料は払わない）。しかし、あることがきっかけで、外国軍が日本を攻撃しようと計画し、まず無防備なA町に攻め入ったとしよう。国防会社は、契約している市町村が攻撃されないためには、国防サービスに加盟していないにもかかわらず、まずA町の攻撃を防御しなければならない。

つまり、A町は国防サービス料を払っていなくても、敵軍からの攻撃を防いでもらえるのだ。このことを他の市町村が知ったならば、テレビ放送の例のように、いずれの市町村もフリーライダーになろうとするにちがいない。つまり、国防サービスは市場によっては供給されないだろう。

これは、消防サービスにも言えることである。もしある家が民間の消防サービスに契約していなくとも、その家から出火すれば、契約している隣家への飛び火を防ぐために、消防会社は未契約のその家を消火しなければならない。つまり、サービスの未契約でも（対価を払っていなくとも）サービスが受けられるのである（再び、「排除原則」が成立しない）。

(2)　道路：自動車が通行する道路は、一般に高速道路（および、一部の橋やトンネルなど）を除けば、通行は無料である（国道、県道、市町村道など）。もちろん、一般道においても通行料を徴収するのは不可能ではない。道路の角ごとに料金所を設け、料金を徴収すればよい。しかし、角ごとに料金所を設けたら、車のスムースな通行が大いに妨げられ、道路としての本来の機能を果たせなくなってしまおう。

したがって、道路については、通行料を徴収することは物理的には可能であっても、効率面から考えれば、通行料を徴収せず「排除原則」を適用しないことがむしろ適切であろう。

5　重要だが、「排除原則」が成立しないものをどうするか

「排除原則」が成立しないために、市場によっては供給できないからといって、そのまま放置してもよいだろうか。たとえば、先の例に登場した会社は、国民にとって非常に有益なテレビ番組の制作を計画しているとしよう。しかし、いくら有益であっても、そのテレビ番組は民間会社によっては供給されない。

また、国防や消防、司法、立法、外交、警察など、さらには、道路や港湾などは国民にとってきわめて重要で有用であるが、やはり市場によっては供給できないものである。

それでは、どうしたらよいのだろう。そう、まさに、こうした重要かつ有用だが、市場には任せられないものにこそ政府の出番・役割があるのだ。重要だが民間には任せられないものを供給することこそ、政府の本来的な役割である。つまり、政府が存在し機能することの本来的な意義は、有用だが「排除原則」が成立しないために、市場では供給できないものを供給することにある。重要な点は、有益なものを政府が提供す

ることにより、提供できなかった場合に比べて国民の福祉水準が向上することである。つまり、市場では供給されない有益なものを政府が供給することにより、国民の福祉を向上させること、これこそが政府が存在する最重要な意義に他ならない。

Ⅶ　差別価格

1　「一物一価の法則」

一物一価の法則とは、「同じものには同じ値段（価格）がつかねばならない」という、ごく当たり前のことをいっているに過ぎない。しかし、ここで気をつけねばならないのは、「同じもの」という場合、厳密に同じものでなければならないということである。商品の物理的性質やパッケージはもちろん、食品であれば賞味期限も同じでなければならず、さらには、販売されている時間帯や場所も同じでなければならない。これらのうち一つでも異なれば、同じものとはいえない。

たとえば、全く同じカップ麺でも距離的に離れた二つのコンビニで売られていれば、同じ商品ではないし、同じ電力でも、昼間と夜間では同じ電力ではない。

カップ麺を例にとれば、一物一価の法則とは、あるコンビニで全く同じ二つのカップ麺が同じ棚で販売されていれば、その二つのカップ麺は同じ価格がつかねばならないことを意味している。同じ棚にある二つの同じカップ麺に異なった価格がついていれば、客の誰もが安い方のカップ麺しか買わないはずだから、店にとっては高い値段を付けることには全く意味がない。

2　差別価格（一物一価の法則の例外）

一物一価の法則には重要な例外が存在する。つまり、厳密に同じ商品であっても、買う人が異なれば異なった価格で販売される場合があるのだ。たとえば、電車やバスなどの公共交通機関の料金には、大人料金と子供料金がある。また、映画料金には学生割引というものがある。さらに、事業用の水道料金や電気料金は家庭用よりも高くなっている。

このように、厳密に同じものであっても、買う人・組織が異なれば異なった価格を付けることを「価格差別」を行うという。また、そうした価格は「差別価格」とよばれる。それでは、売り手はなぜ価格差別を行うのだろうか。また、どのような場合に価格を差別することが可能なの

表２　パソコンソフト販売の例

ソフトの価格（万円）	0	1	2	3	4	5	6	7
購入する社会人の数（人）	600	550	500	450	400	350	300	250
購入する学生の数（人）	600	500	400	300	200	100	0	0
販売額（万円）	0	1,050	1,800	2,250	2,400	2,250	1,800	1,750
仕入れ費用（万円）	2,400	2,100	1,800	1,500	1,200	900	600	500
利益（万円）	△2,400	△1,050	0	750	1,200	1,350	1,200	1,250

注：ソフトの仕入れ価格は２万円。

か。

売り手はなぜ差別価格を設けるのだろうか

先取りすれば、つぎのようである。たとえば、社会人と学生というように異なったグループが存在し、そのグループの間で、価格が変化したときの需要の反応の大きさが異なるとき、売り手は反応の小さいグループには高い価格を、反応の大きいグループには低い価格を設定した方が、共通の価格を設ける場合よりも利潤（儲け）が大きいからである。

例を用いて説明してみよう。いま、ある販売店がよく知られたパソコン・ソフトを社会人と学生に販売するケースを考えてみよう。表は、ソフトの販売価格（万円）とそれぞれの販売価格に対して購入する社会人と学生の数を示したものである。また、表には、それぞれの価格に対応する販売額と仕入れ費用（ソフト一つの仕入れ価格は2万円）、利潤が記入されている。

この表によれば、社会人と学生に対して共通の価格を設定する場合には、ソフトの価格を5万円にしたときに、最も大きな利潤・１３５０万円が得られる。しかし、表からわかることは、価格が1万円上がるごとに、購入する学生の数の方が社会人の数よりも減少幅が大きいことである。

つまり、需要の価格弾力性は社会人よりも学生の方が大きいのである。したがって、学生に対する販売価格よりも社会人への販売価格を高く設定すれば、販売店は共通の価格を設定するよりも儲かるはずである。ちなみに、社会人には7万円で、学生には4万円で販売すれば、販売額（250×7万円＋200×4万円）－仕入れ費用（450×2万円）＝利潤（1650万円）が得られ、利潤は共通の価格を設定するよりも大きくなる。

このパソコン・ソフトの販売に見るように、一般に、異なったグループ間で需要の価格弾力性が異なる場合、弾力性が大きなグループには安い価格を、弾力性が小さなグループには高い価格を付けるような差別価格を設定すれば、共通の価格を付ける場合よりも大きな利潤が得られるのである。それでは、どのような場合に価格差別は可能なのだろうか。

どのような場合に価格差別は可能だろうか

価格差別をした方がしない場合よりも儲けが多いことを見たが、どんな場合でも価格差別が可能というわけではない。価格が差別できるためには、売り手がつぎの3つの条件を同時に満たさなければならない。すなわち、①独占的な売り手であること、②転売ができないこと、③異なったグループを容易に識別できること、である。なぜこうした条件が必要であるか、順に考えてみよう。

まず、独占的な売り手であるという条件を考えてみよう。この場合、「独占的な売り手」であるとは、同じ商品を販売している売り手が他にいないということである。ただし、同じ商品を販売している売り手が他にいても、互いに地理的に離れていたり、販売時間が異なっていれば、それらの売り手は広い意味で、独占的な売り手であると考えられる。

独占的な売り手ではない場合に、なぜ価格差別ができないのか、つぎの例によって示そう。いまある都市の中心街に2つの映画館が隣り合っているとしよう。しかも、2つの映画館は同じ映画を同じ時間帯に上映しているものとする。この2つの映画館のうちAという映画館は学生には1000円の料金を、一般人には1800円の料金を設定し、もう一つの映画館Bは価格差別を行わずに、学生・一般人ともに1500円徴収するとしよう。そうすると、すべての一般人は映画館Bへ行き、映画館Aへは誰も行かないだろう。つまり、映画館Aはせっかく差別価格を設定しても、一般人は誰も来ないから、1800円という料金が無意味なってしまう。

他方、映画館BがAとはちがった都市にあり、Aの周辺からBへ行くには交通費が片道500円かかるとしよう。これだけの交通費がかかってしまえば、映画館Aの付近の一般人は、Bの方が料金が安いものの、Bへ行かずにAに行くだろう。この場合は、Aは価格を差別することができるのである。つまり、Aは地域的な「独占的売り手」であるため、価格差別が可能なのだ。

つぎに、転売ができないという条件を考えてみよう。転売とは、商品を安く購入して、それを他人や他組織に購入価格よりも高い価格で販売して儲けることである。なぜ転売が可能ならば価格差別が不可能になるのか、つぎの例によって示そう。

あるタバコ屋が、タバコ1カートン（10箱入り）を一般人には5千円、学生には3500円で販売するという価格差別を行おうとしているとしよう。この価格差別は可能であろうか。不可能である。その理由はつぎのとおりである。学生は1カートンを3500円で買えるから、そのタバコ屋に近づいてきた一般人に、そのタバコを4500円で販売すれば、一般人がタバコ屋で購入する価格よりも500円安い。したがって、学生と一般人ともに利益を得るから、両者の取引は成立しよう。このような転売目的でタバコを購入する学生が多ければ、一般人は誰も学生からタバコを購入してしまうため、タバコ屋は一般人に販売することができなくなってしまおう。つまり、転売が可能であると、価格差別が不可能になるのである。

転売が不可能な例として、映画館の学生割引チケットをあげておこう。学生が映画館で割引チケットを購入して、転売目的で一般人に販売を考えたとしよう。しかし、学生割引チケットについては、映画館に入場の際に学生証を見せなければ入場できないことを一般人は知っているから、学生から割引チケットを買おうとはしないだろう。つまり、転売は不可能なのだ。

最後に、価格差別が可能であるためには、異なったグループを容易に識別可能でなければならないという条件を考えてみよう。ここで異なったグループとは、すでに見た需要の価格弾力性が異なっているグループという意味である。

一般人か学生、男か女、大人か子供。これらは容易に識別できよう。しかし、高所得者と低所得者を識別できるだろうか。確かに、高所得者は需要の価格弾力性が小さく、低所得者は大きいと推測できるから、価格差別が可能であれば儲けは大きくなろう。しかし、両者をどのように区別したらいいのだろう。客に所得証明書や納税証明書を持参するよう要求できればよいが、これらの証明書は重大な個人情報であるから、そんな要求はとてもできない。

したがって、われわれになじみのある価格差別は、異なったグループを容易に識別可能な場合に限られている。たとえば、映画館の学生割引と一般料金、公共交通機関の子供料金と大人料金、スキーリフト券の男性料金と女性料金などである。スキー場には、特定の曜日（たとえば、水曜日）に女性のリフト券代を割り引くところがある。

グループ識別の努力――カーディーラーでの商談――

価格差別が可能な3つの条件の中で、特に難しいのが、異なったグループを識別することである。しかし、売り手の中には、できるだけ識別できるように努力を払っている売り手もある。それは新車販売のディーラーで、つぎのような努力をしている。

新車購入に興味がありそうな客が来店すると、ディーラーは客に対して「商談」と称する会話を始める。商談とは、要するに、ディーラーが時間をかけて客の需要の価格弾力性の大きさを推測する手段である。

需要の価格弾力性が大きな客は、値引き幅に大きな興味をもっている。当然ながら、興味ある車について情報を多くもっており、他のメーカーの車についても情報が豊富である。他方、価格弾力性の小さな客は、情報は多くなく、ディーラーの説明をそのまま受け入れて、購入を決めてしまう傾向がある。このように、ディーラーは商談を通じて客の価格弾力性を推し量り、値引き幅を決めるのである。

しかし、このような「商談」は自動車であるからできるのである。新車であれば、いくら大衆車であろうとも、1台100万円は下らないだろう。したがって、長い時間（2時間、3時間）をかけて値引き幅を決めても採算はとれようが、価格の低い商品は採算がとれない。たとえば、スーパーで1本200円の大根について20分商談をして20円割引してもらったとしよう。20分もかかって20円しか値引きしてもらえないのであれば、客は満足しないだろう。

現在では、商談を行って値引き幅を決めているのは、新車販売と不動産販売に限られるようだ。

3　人類の歴史上画期的な発明
――クーポン・スタンプカード・ポイントカード――

アメリカのスーパーの新聞折り込み広告

クーポンやスタンプカード、あるいは、ポイントカードがなぜ人類の歴史上画期的な発明であるのかを説明する前に、アメリカのスーパーの新聞折り込み広告を紹介しよう。アメリカのスーパーの新聞折り込み広告について知れば、ポイントカードなどがどうして歴史上画期的な発明

図８　アメリカのスーパーの新聞折り込み広告

であるか理解できるはずである。

日本にもスーパーの新聞折り込み広告はあるが、アメリカの日本とのちがいは、上の図に見るように、広告上部にクーポンがあることである。クーポンの下部は日本のスーパーの広告と変わらないが、日本とちがっているのはクーポンがあることである。それぞれのクーポンには、「2リットルのコーラが50セント引き」、「チョコレート75セント引き」、「牛肉1キロ1ドル引き」などとある。これら割引クーポンに興味ある人は、クーポンを切り取ってからスーパーで買い物をする。そして、買い物が終わってレジでクーポンをレジ係に渡すと、クーポンの分だけ割り引いてもらえるのだ。

さて、こうしたクーポンにはどのような意味があるだろうか。日本のスーパーの広告とはちがうのだろうか。まず、アメリカも日本も、客が広告の内容について全く知らなくても、広告に該当する日にスーパーへ行けば、誰でも広告の通りの価格で買い物ができる。しかし、クーポンの場合はそれを持参すれば割引を受けられるが、持参しなければ割引はない。

もっと重要な点は、客の誰もがクーポンを利用したり、客の誰もが利用しない場合には、クーポンの意味がないということである。後者の場合であれば、スーパーがクーポンを用意する意味が全くないのは、自明であろう。それでは、客の誰もがクーポンを利用する場合はどうだろうか。やはりこの場合にもクーポンの意味がないのは、どの客もクーポンを利用するならば、通常の広告とまったく変わらないことになってしまうからである。

クーポンが意味があるのは、利用する客と利用しない客が存在することである。利用する客は、クーポンを切り取って忘れずに財布に入れ、スーパーのレジで忘れずに取り出すことが必要である。スーパーは、このような客は需要の価格弾力性が高いはずだと推測できる。他方、クーポンを利用しない客はめんどうが嫌いで、要するに、需要の価格弾力性が低いのだ。

アメリカのスーパーのようにクーポンを用意すれば、クーポンを利用するかどうかさえわかれば、客の需要の価格弾力性を推し量る努力は一切要らない。客の方から、クーポンを利用する、利用しないを通じて「自らの需要の価格弾力性の大きさを偽りなく自己申告」してくれるのである。

これで、なぜクーポンやポイントカードが人類の歴史上画期的な発明であるか、わかったであろう。クーポンやポイントカードがあれば、売り手の側は客の価格弾力性を推察する努力は一切要らないのである。客の方から、嘘・偽りなくそれを伝えてくれるのだ。まさに、人類の歴史上画期的な発明と言わずに、なんと言えようか。

ポイントカードの役割に関する大きな誤解

以上で述べたように、クーポン、スタンプカード、あるいはポイントカードはすべて価格差別を行うための手段である。しかし、ポイントカードの役割について世間には大きな誤解がある。たとえば、ネットでポイントカードについて調べてみれば容易にわかるように、ほぼすべてと言ってよいほど、「ポイントカードは固定客を囲い込むためのものである」と説明されている。しかし、これは大きな誤解である。

われわれの日常の経験からわかるように、コンビニ、スーパー、ドラッグストアなど、ほぼどのような小売店もポイントカードを発行している。たとえば、コンビニエンス・ストアであれば、セブンイレブン、サークルK、ファミリーマートなどなど、どのコンビニもポイントカードを発行している。どのコンビニにもポイントカードがあるのに、「なぜポイントカードがあるからという理由で、特定のコンビニの固定客になるのか」、全く説明にならないではないか。

特定のコンビニの固定客になるのは、当然ながら、ポイントカード以外の理由があるからである。たとえば、自宅に近い、品揃えがいい、好みの雑誌が置いてある、店員の接客態度がいい、などである。むしろ、因果関係は逆であると考えねばならない。特定の店にポイントカードがあるから固定客になるのではなく、特定の店の固定客だから、その店のポイントカードを利用するのである。

4　準差別価格

差別価格について説明してきたが、最後にもう一つの差別価格について説明しておく必要がある。それは、「準差別価格」の存在である。差別価格は同一商品を異なったグループに対して異なった価格を設けることであったが、その意味では、準差別価格は差別価格ではない。なぜなら、準差別価格は異なった商品の間の差別だからである。しかし、そこには差別価格的な要素が含まれていると考えるのである。

たとえば、航空機にはファーストクラス、ビジネスクラス、エコノミークラスがある。それぞれのクラスでは座席の種類も違うし、機内サービスも違う。したがって、当然ながら航空券の価格も違っている。

限界費用とは、生産物をもう1単位余計に生産するときに付加的に発生する費用のことをいう。経済学の最も重要な概念の一つである。

これらは異なった商品であるから、価格が違っていても差別価格ではない。しかし、つぎのような状況になっていないだろうか。航空会社にとっては、ファーストクラスの乗客にサービスを提供するのに最も費用がかかり、ついでビジネスクラスに費用を要し、エコノミークラスが最も低費用である。したがって、航空券の価格の高低もこの順番であるのは当然である。しかし、費用に儲けを加えて航空券の価格を決める際、航空会社はファーストクラスに最も大きな儲けを加え、ついでビジネスクラス、エコノミークラスの順に儲けを少なくしよう。

経済学では、準差別価格をつぎのように定義する。ある企業が財Aと財Bを販売しているとしよう。それぞれの財の限界費用に対する価格の比をとったとき、両財の比が異なっていれば「準差別価格」が設けられているとする。航空券の例では、ファーストクラスの価格・限界費用比が最も高く、ついでビジネスクラス、そしてエコノミーラスが最も低いだろう。

他の準差別価格の例をあげてみよう。自動車会社が生産する高級車・中級車・大衆車、うなぎ屋の上丼と並丼、洋菓子店のベルギー直輸入の高級チョコレートと国産チョコレート、ブティックでのイタリアから輸入した高級ハンドバッグと国産ハンドバッグ、などなど例をあげればき

１９９９年５月15日付けの日本経済新聞には、『トヨタグループ　小型車シフトで収益低下」と題した記事が掲載されていた。１９９０年代の景気低迷を反映して、収益の多い大型高級車から収益の少ない小型車に需要がシフトした結果である。

りがない。このように、準差別価格も含めれば、「この世は差別価格だらけである」と言っても、さほど誇張ではなかろう。

参考文献

荒井一博・花井敏（２０１０）『経済学入門　ミクロ&マクロ』第2版、中央経済社

伊藤元重（２０１２）『マクロ経済学』第2版、日本評論社

岩田規久男（２００７）『経済学への招待』ライブラリ経済学への招待、新世社

宇南山卓（２０１０）「非婚化、就業継続支援が有効――経済学から見た少子化対策」『日本経済研究センター会報』９９２号、26～27頁

宇南山卓（２０１４）「保育所整備と両立可能性」『リエティ・ハイライト』47号、経済産業研究所、20～23頁

大竹文雄（２００５）『日本の不平等――格差社会の幻想と未来――』日本経済新聞出版社

岸智子（２０１０）『就職・失業・男女差別――いま、何が起こっているか――』21世紀南山の経済学①、日本経済評論社

須賀晃一編（２０１４）『公共経済学講義――理論から政策へ――』有斐閣

橘木俊詔・松浦司（２００９）『学歴格差の経済学』勁草書房

南山大学経済学部編著（２００２）『大人になるための経済学入門』ＮＨＫ出版

農林水産省編（２００９）『平成21年版　食料・農業・農村白書～限りない潜在力を引き出し、魅力ある産業とするために～』佐伯印刷

畑農鋭矢・林正義・吉田浩（２００８）『財政学をつかむ』有斐閣

樋口美雄・財務省財務総合政策研究所編著（２００６）『少子化と日本の経済社会――2つの神話と1つの真実――』日本評論社

三橋規宏・内田茂男・池田吉紀（２０１２）『ゼミナール日本経済入門』第25版、日本経済新聞出版社

吉川洋（２００９）『マクロ経済学』第3版、岩波書店

【著者紹介】

花井　敏（はない・さとし）

1946年、愛知県岡崎市に生まれる。1969年、名古屋市立大学を卒業後、1975年、一橋大学大学院経済学研究科博士課程単位取得。

専攻：マクロ経済学・日本経済論。

1975年に南山大学経済学部講師、1990年に同大学経済学部教授となり、2015年に同大学名誉教授となる。経済学部長、研究科長を歴任する。

〈主要論文〉

「ボーナス制度の仮説と検証」松永征夫他編『現代経済の制度と組織』有斐閣、1989年。

"A Test of the Intertemporal Substitution Model of Labor using Japanese Aggregate Data,"『アカデミア 経済・経営学編』第89号、1986年3月、pp. 121-140。

「わが国の持ち家率の決定因について」『生活経済学会会報』生活経済学会、第9巻、1993年12月、pp. 149-162。

「住宅価格の変動とバブル――名古屋地下鉄沿線の事例――」『住宅問題研究』住宅金融普及協会、第16巻第3号、2000年10月、pp. 48-63。

〈21世紀南山の経済学⑤〉

キーワードを知れば経済がわかる

2015年4月10日　第1刷発行　定価（本体700円+税）

著　者　花　井　　敏

発行者　栗　原　哲　也

発行所　株式会社　日本経済評論社

〒101-0051　東京都千代田区神田神保町3-2

電話　03-3230-1661　FAX　03-3265-2993

info8188@nikkeihyo.co.jp

URL：http://www.nikkeihyo.co.jp

装幀＊土岐悠二

印刷＊文昇堂・製本＊根本製本

乱丁・落丁本はお取替えいたします。

Printed in Japan

© HANAI Satoshi 2015

ISBN978-4-8188-2380-8

・本書の複製権・翻訳権・上映権・譲渡権・公衆送信権（送信可能化権を含む）は、㈱日本経済評論社が保有します。

・JCOPY 〈㈳出版者著作権管理機構　委託出版物〉
本書の無断複写は著作権法上での例外を除き禁じられています。複写される場合は、そのつど事前に、㈳出版者著作権管理機構（電話03-3513-6969、FAX03-3513-6979、e-mail: info@jcopy.or.jp）の許諾を得てください。

〈21世紀南山の経済学〉は、南山大学経済学部創設50周年を記念して、2010年より経済学部教員が順次執筆し、シリーズとして刊行するものである。出版にあたって、日本経済評論社の御協力をいただいたことに感謝する。　　　南山大学経済学部・経済学会

21世紀南山の経済学①

就職・失業・男女差別――いま、何が起こっているか

岸　智子著　　本体700円（税別）

21世紀南山の経済学②

高校生のための数学入門

西森　晃著　　本体700円（税別）

21世紀南山の経済学③

やさしい経済学史

中矢俊博著　　本体700円（税別）

21世紀南山の経済学④

厚生経済学と社会的選択の理論――経済政策の基礎理論

水谷重秋著　　本体700円（税別）